FLORULE

DE L'ARRONDISSEMENT

DE

THIONVILLE

Par l'Abbé BARBICHE

Membre correspondant de la Société d'histoire naturelle du
département de la Moselle

Extrait du *XIIe Bulletin de la Société d'histoire naturelle du
département de la Moselle*

METZ

IMPRIMERIE ET LITHOGRAPHIE DE JULES VERRONNAIS

1870

In the interest of creating a more extensive selection of rare historical book reprints, we have chosen to reproduce this title even though it may possibly have occasional imperfections such as missing and blurred pages, missing text, poor pictures, markings, dark backgrounds and other reproduction issues beyond our control. Because this work is culturally important, we have made it available as a part of our commitment to protecting, preserving and promoting the world's literature. Thank you for your understanding.

FLORULE

DE L'ARRONDISSEMENT

DE THIONVILLE

Le département de la Moselle possède une flore très-bien faite qui porte son nom. Mais le but de cet ouvrage, comme le déclare l'auteur lui-même, le regretté M. Holandre, est plutôt spécial au pays de Metz que général. En effet, les autres arrondissements n'y sont pas souvent mentionnés. J'en excepte pourtant celui de Sarreguemines pour le canton de Bitche, si riche en plantes rares. M. le docteur Schultz, savant botaniste, qui l'avait parcouru activement sur tous les points durant nombre d'années, s'était mis en correspondance avec l'auteur de la *Flore de la Moselle*. Quant aux localités des arrondissements de Briey et de Thionville, elles n'y figurent que rarement.

D'où peut donc venir cette lacune regrettable? Sans doute de ce que ni M. Holandre, ni d'autres botanistes, avant la publication de sa flore, ne les avaient suffisamment explorés. Cela me semble vrai surtout pour ce qui concerne notre arrondissement. Car, depuis cette époque déjà éloignée, les excursions personnelles de M. Godron autour d'Hayange, sa ville natale, celles de MM. Box, Creton, Jenneson, aux environs de Thionville, de MM. Monard et Taillefert près de Creutzwald, enfin les précieuses découvertes de M. le docteur Warion et de M. l'abbé Friren dans le pays de Sierck sont venues dévoiler les richesses végétales dont toute cette contrée est pourvue.

Du reste, ces richesses s'expliquent facilement par les conditions favorables où la végétation s'y trouve placée. De tous les éléments dont l'ensemble concourt à la rendre prospère et variée, aucun ne fait défaut à l'arrondissement. Il n'a même, sous ce rapport, rien ou presque rien à envier aux autres.

D'abord, pour la constitution géologique et minéralogique du sol, il est le seul qui réunisse tous les caractères assignés par Holandre au département. Comme lui, en effet, il offre de l'ouest à l'est toutes les formations et leurs divers étages depuis l'oolithe jusqu'aux roches de transition. Comme Metz et Briey, Thionville a les terrains à base calcaire ou alumineuse : l'oolithe, le lias, les marnes irisées et le muschelkalk. Et en outre, comme Sarreguemines, quoique sur une bien moindre étendue, il présente ceux à base siliceuse : le grès bigarré et le grès vosgien.

En somme, il n'y a qu'une seule sorte de terrains improprement dits à regretter, bien qu'il possède les marnes irisées où ils se forment : ce sont les terrains salifères. Et encore n'est-il pas prouvé qu'une exploration plus complète du pays ne pourra pas amener ultérieurement quelque découverte de ce genre. Toutefois jusqu'ici on n'y connaît guère qu'une source contenant en dissolution du chlorure de sodium en proportions assez considérables pour nourrir des plantes marines. C'est la source de Basse-Kontz, près de Sierck, où ont été trouvés le *Spergula marina* Bartl. et le *Triglochin maritimum* L.

Du reste, en compensation, la nature lui a donné à lui seul la formation du grès d'Hettange et le terrain devonien dans les quartzites de Sierck.

Quant à la diversité des sites et des expositions, on peut encore diviser l'arrondissement, comme on l'a fait pour tout le département, en trois régions principales.

La région oolithique s'étend à l'ouest, de Moyeuvre à Kanfen, sous la forme d'une haute falaise bordant le vaste plateau de Briey. Elle est la plus accidentée et nous offre dans ses vallées profondes et sur ses côtes élevées, sur ses rochers et ses pentes arides, comme dans ses champs cultivés et ses belles forêts, la végétation la plus variée et la plus riche.

La seconde région comprend la totalité ou la majeure partie territoriale des cantons de Cattenom, Sierck, Metzerwisse et Bouzonville, sous les noms de lias, de keuper et de muschelkalk. C'est la plus pauvre en accidents de terrain. On y remarque presque toujours les mêmes lignes uniformes, les mêmes ondulations, çà et là de petites éminences alternant avec des vallées superficielles. Aussi sa flore est-elle extrêmement restreinte et invariable.

Enfin, à l'est, ou plutôt au sud-est, vers Creutzwald et le long de la frontière prussienne, se montre la troisième région composée des grès bigarré et vosgien. Elle est à la flore de l'arrondissement ce que le pays de Bitche est à celle du département. Ses hautes montagnes, ses forêts riches en conifères, ses vallées profondes et tourbeuses recèlent une foule de plantes spéciales qu'elle se partage exclusivement avec la contrée analogue des Vosges.

Un dernier élément, par sa puissante influence sur sa végétation, recommande l'arrondissement de Thionville à l'attention des botanistes : c'est la multiplicité des cours d'eau qui l'arrosent.

La Moselle inonde les parties occidentale et septentrionale de ses nombreux affluents. Le principal de la rive gauche est l'Orne, grossie du Conroy, des ruisseaux de Bousseval, de la Roche et de Beuvange. Viennent ensuite la Fensch, la Kissel, le Herbach, le Doltbach. Sur sa rive droite elle reçoit la Bibiche, la Canner, l'Ouderbach, les ruisseaux de Montenach et d'Apach.

La Sarre elle-même y est représentée, à l'est, par deux rivières importantes qui arrosent le territoire du canton de Bouzonville. Ce sont la Nied avec les ruisseaux de Piblange, d'Anzeling, de Bibiche, de Dalstein, de Remelle, ses tributaires, et la Bisten où se jette le ruisseau de Falck.

En outre, quel point de notre arrondissement n'a pas ses eaux stagnantes, ses étangs, ses mares, ses fossés humides! Les tourbières elles-mêmes ne lui font pas défaut. Celles de la vallée de la Bisten, en amont et en aval de Creutzwald, quoique moins profondes que celles de Bitche, sont assez remarquables. D'autres, plus superficielles encore, existent sur une certaine étendue, par exemple, au bois de Florange, dans celui de Richemont sur deux points opposés, dans les vallées de Ranguevaux et de Bousseval où elles reposent sur un lit épais de tuf calcaire, et enfin dans les ravins qui entrecoupent le bois de Kédange. Certains bois des environs de Thionville nous offrent aussi des mares plus ou moins grandes, mais de consistance spongieuse plutôt que tourbeuse. Tels sont ceux de Thionville, de Haute-Yutz, de Ham, ceux des environs de Küntzich, Stuckange, Distroff et Valmestroff, et, dans un rayon moins rapproché, les forêts de Cattenom, de Zoufftgen, d'Angevillers et la Grande-Kalenoven, près de Kirschnaumen.

Ainsi favorisé de la nature, l'arrondissement de Thionville ne pouvait manquer d'attirer tôt ou tard les botanistes, leur promettant d'amples et intéressantes récoltes.

Pour moi, je l'avoue, quoique le dernier venu, plus je l'explore en détails, plus il m'apparait digne de mes recherches. Commencées il y a une douzaine d'années et poursuivies jusqu'aujourd'hui, elles ont déjà produit et produiront encore, je l'espère, quelques résultats dont la connaissance ne sera peut-être pas inutile à la science mosellane. C'est ce motif, ajouté aux instances réitérées de M. le docteur Monard, notre zélé président, qui m'a déterminé à consigner toutes mes observations dans une série de Mémoires destinés à être publiés successivement dans les bulletins annuels de la Société. Je donne à leur ensemble le nom, un peu prétentieux peut-être, de *Florule*. Mais je me hâte de dire que, pour justifier plus complétement ce titre, j'ai joint à mes propres découvertes toutes celles des botanistes connus qui m'ont devancé dans la contrée. Je me suis même attaché à compléter leurs indications de localités et à leur donner le plus de précision possible.

Qu'il me soit permis, en finissant ce long préambule, d'acquitter une dette de reconnaissance envers toutes les personnes qui m'ont secondé de leurs lumières et de leur bienveillance. J'offre, en particulier, mes remerciments les plus sincères à MM. les docteurs Schultz et Monard, pour l'obligeance qu'ils ont mise à déterminer mes espèces douteuses. Les renseignements de M. Box sur la station précise de certaines plantes, les indications de M. Gand, inspecteur des forêts, ainsi que l'aide intelligent de ses subordonnés, Roche, Bezanson père et fils, et de MM. Fendt, Forfert et Henry, m'ont été aussi d'un grand secours pour l'exploration de l'arrondissement.

Ce premier Mémoire étant consacré exclusivement aux plantes phanérogames, j'ai cru devoir adopter complétement la nomenclature de Godron (*Flore de Lorraine*, 2e édition). Enfin, dans mon désir d'être le plus court possible, je me suis borné à l'indication des plantes rares, renvoyant pour les stations des plantes communes à la *Flore de Lorraine* et surtout à celle *de la Moselle*.

ABRÉVIATIONS. R : *rare*.
              AR : *assez rare*.
              RR : *très-rare*.
Le signe + *indique chacune des dix-huit espèces ou variétés reconnues jusqu'ici comme exclusivement propres à l'arrondissement de Thionville.*
— ? *les plantes trouvées dans un état trop ou trop peu développé pour pouvoir être soumises à une diagnose complète et sûre.*

Embranchement I.

PHANÉROGAMES.

† **Clematis erecta** L.
>Indiqué par Tinant (Flore Luxembourgeoise) dans les prairies des bords de la Moselle, entre Schengen et Sierck.

Thalictrum minus L.
>R. Coteaux calcaires. Apach (Frirèn).

—   flavum L.
>R. Prés humides. Rive gauche de l'Orne, entre Vitry et Amnéville.

Anemone sylvestris L.
>R. Pâturages secs du calcaire jurassique. Hayange (Godron). Bois de Dudelange (Tinant), non loin de la frontière.

Adonis flammea Jacq.
>R. Passim, moissons du calcaire jurassique et de son alluvion. Moyeuvre et Hayange (Godron). Plaine d'Amnéville.

Myosurus minimus L.
>AR. Champs du lias et de l'alluvion. Côte d'Illange (Warion), entre le bois et les fortifications de Thionville. Plaine sablonneuse entre Terville et Daspich. Côte St-Michel, versant nord. Environs de Bettembourg (Tinant).

Ranunculus hederaceus L.

> RR. Lieux bourbeux, bords des marais. Entre Creutzwald et Merten (Holandre).

Nigella arvensis L.

> R. Moissons de l'alluvion. Plaine sablonneuse entre Hagondange, Richemont et Amnéville.

Nymphœa alba L.

> AR. Eaux stagnantes. Canal de la Moselle, entre le fort et Basse-Yutz. Dans l'Orne, au-dessus du moulin de Richemont, bras mort près de Boussange ; en amont de Moyeuvre (M. le sous-inspecteur Gény.

Corydalis solida Sm.

> AR. Haies et bois couverts. Rodemack (Cordonnier). Sierck, Altenberg, côte de Kirsch, Apach....., toujours sur le grès bigarré (Friren).

Fumaria vaillantii Lois....?

> RR. Champs sablonneux Hettange-Grande, en deçà des carrières.

— parviflora Lam.

> RR Hayange, côte des vignes (Godron).

Sinapis cheiranthus L.

> R. Champs du grès vosgien. Environs de Creutzwald.

Diplotaxis bracteata Godr.

> R. Lieux incultes. On en voit près de la verrerie d'Uckange, entre la route de Hayange et les monticules de sable.

Cheiranthus cheiri L.

> R. Vieux murs. Fort de Sierck.

Erysimum virgatum Roth.

> Champs humides aux environs de Bettembourg (Tinant).

Sisymbrium supinum L.

AR. Coteaux et alluvion calcaires. Beuvange, Vitry, Clouange, Rosselange, Moyeuvre. Descend dans les sables de la vallée de l'Orne, notamment à Moulin-Neuf et à Clouange.

— sophia L.

AR. Décombres, bords des chemins, pied des murs. Hettange-Grande, rochers près de l'église et carrières. Sierck (Warion).

Nasturtium anceps DC.

R. Bords de la Moselle, à Thionville (Warion). Bords des ruisseaux, à Sierck (Friren).

Arabis brassicœformis Walr.

R. Coteaux du calcaire jurassique. Bois au delà de Moyeuvre, entre l'Orne et la route de Briey. Plus abondant vers Rombas, Pierrevillers (arrondissement de Briey).

— arenosa Scop.

RR. Coteaux du calcaire jurassique. Moyeuvre, chemin de la Bourdeloise (Holandre et Godron).

Cardamine amara L.

AR. Endroits humides des prés et des bois. Bois de Richemont et de Kédange. Vallée de Bousseval, près de Rosselange.

— impatiens L.

RR. Bois du calcaire jurassique. Moyeuvre, vallon du Conroy (Herpin).

Roripa rusticana Godr.

RR. Prairies humides. On en trouve quelques pieds dans les fossés les plus humides des fortifications. Plus abondant le long de la Nied, à Bouzonville (Léo).

Camelina sylvestris Walr.

Passim, moissons. Plaine d'Amnéville.

Neslia paniculata Desv.

AR. Moissons. Plaine d'Amnéville. Sierck, sur l'Altenberg. Environs de Schengen (Tinant).

Calepina corvini Desv.

> RR. Moissons. En 1866, il en existait accidentellement quelques pieds dans nos fortifications le long du chemin dit de Marie-Louise, entre la porte de Metz et celle de Luxembourg. Mais des travaux de terrassement l'ont fait disparaître l'année suivante.

Teesdalia nudicaulis R. Br.

> R. Terrains siliceux. Vallée de la Bisten (Molandre).

Thlaspi montanum L.

> RR. Rochers et bois du calcaire jurassique. Rochers à Rosselange, au-dessus de la Belle-Fontaine, d'où il s'est répandu sur divers autres points du même bois, surtout aux bords des chemins.

Lepidium ruderale L.

> AR. Décombres, bords des chemins et des fossés, pied des murs. Thionville, entre la porte de Metz et la station; chemin de halage, surtout près du lavoir; quartier du fort; lieu de dépôt à la bifurcation des routes de Metzerwisse et d'Illange; Beauregard, le long du chemin de fer. Basse-Yutz, chemin à droite des premières maisons situées sur la route de Sierck. Sierck, rive droite de la Moselle, le long du quai et près de Marienflos; rive gauche, chemin de Basse-Kontz au bac.

— draba L.

> RR. Il en croît une vingtaine de pieds sur un des petits monticules de sable qui bordent, au nord, la grande sablonnière de Gassion. Amené là sans doute par le chemin de fer.

Helianthemum pulverulentum DC.

> Lieux secs des côtes de la Moselle, entre Schengen et Rémich (Tinant).

Viola alba Bess.
R. Bois du calcaire jurassique. Hayange, Moyeuvre (Godron). Vitry, Clouange, Rosselange. C'est dans ces dernières localités que j'ai pu vérifier le fait remarquable relatif à cette plante citée par Godron (*Essai de géographie botanique*, page 77).

— mirabilis L.
R. Bois du calcaire jurassique. Hayange, Moyeuvre (Godron). Vitry, Clouange, Rosselange, fond de Bousseval. Bois humides au-dessus de Perle (Tinant).

— palustris L.
R. Marais tourbeux. Vallée de la Bisten.

Drosera rotundifolia L.
AR. Marais tourbeux. Bois de Küntzich et de Distroff (canton Spedel), Rodenbech. Forêt haute de Zoufftgen. Vallée de la Bisten (Holandre).

Pyrola rotundifolia L.
Assez commun sur l'oolithe, mais rare sur le lias et l'alluvion. Bois de Richemont.

— minor L.
RR. Bois du lias, à Florange.

Monotropa hypopitys L.
AR. Var. α glabra Roth. Forêt de Moyeuvre, passim. Var. β hirsuta Roth. Bois de Clouange (Monard).

Polygala comosa Schk.
AR. Coteaux du calcaire jurassique et du muschelkalk. Forêt de Moyeuvre, principalement au-dessus de Clouange, de Rosselange, et au fond de Bousseval. Sierck (Warion).

Dianthus deltoides L.
R. Lieux siliceux, incultes. Forêt entre Creutzwald et Carling.

Silene conica L.

    RR. Champs sablonneux au-dessus des carrières d'Hettange-Grande.

— noctiflora L.

    AR. Champs calcaires. Hayange, Ranguevaux, Moyeuvre (Godron). Fond de Beuvange-sous-Justemont.

Sagina ciliata Fries.

    R. Champs de l'alluvion. Hayange, vallon situé derrière la côte des vignes (Godron). Weymerange (Warion).

† — nodosa Fenzl.

    RR. Lieux tourbeux. Vallée de la Bisten, en amont de Creutzwald.

† **Spergula** segetalis Vill.

    RR. Champs sablonneux. Weymerange (Warion). Dudelange (Tinant).

— marina Bartl.

    RR. Terrains salifères. Source salée de Basse-Kontz (Tinant et Warion).

Stellaria Borœana Jord.

    R. Thionville, Illange, Hettange-Grande (Warion).

Cerastium quaternellum Fenzl.

    RR. Pâturages sablonneux et humides. Assez abondant en deçà du bois d'Illange, à droite et à gauche de la route.

— brachypetalum Desp.

    AR. Endroits secs. N'est pas rare sur les talus et les glacis des fortifications de Thionville (Warion; bords de la grande sablonnière; côte d'Illange, au-dessus de l'escarpement marneux. Carrières d'Hettange-Grande.

— semidecandrum L.

    AR. Lieux sablonneux. Champ de manœuvre et glacis au quartier du fort; chemin de halage. Carrières d'Hettange-Grande.

Radiola linoides Gmel.

> R. Champs sablonneux. Environs de Creutzwald.

Linum Leonii Schultz.

> R. Coteaux jurassiques. Sierck, sur l'Altenberg et la côte de Rustroff (Warion).

— austriacum L. ?

> RR. M. l'abbé Friren en a recueilli quelques pieds à Sierck, sur le versant occidental de la côte de Kirsch, non loin de la carrière de plâtre (1860).

Malva moschata L.

> R. Terrains siliceux et quartzeux Sierck (Holandre).

Althœa hirsuta L.

> R. Terrains calcaires. Fond de Beuvange-sous-Justemont. Côte et fond de Clouange.

Geranium pratense L.

> AR. Prairies, fossés, haies, bords des chemins et des ruisseaux. Fossés des fortifications du côté de Manom ; sous le dernier pont-levis au delà du fort ; le long du petit ruisseau qui alimente les fossés de Gassion. Entre Uckange et le bois de Richemont. Sierck, bords des ruisseaux de Montenach et d'Apach. Très-abondant dans la vallée de la Bibiche.

Hyperichum pulchrum L.

> Assez répandu, bois sablonneux et humides. Bois de Thionville, d'Illange, de Küntzich, de Distroff, de Terville, de Florange, de Richemont, de Coulange près Vitry et de Kédange. Forêts de Cattenom et de Zoufftgen. Grande-Kalenoven.

Impatiens noli-tangere L.

> R. Alluvion. Bois de Florange, source du ruisseau de la Fenderie (Warion), en face de Marspich. Bois de Richemont, sur deux points opposés, l'un du côté de Fameck, l'autre du côté de Bévange. Bois de Kédange (Désoudin et Humbert), dans les ravins. Vallée de la Bisten et forêt de la Houve, près Creutzwald (Holandre, Monard et Taillefert).

Genista pilosa L.

    R. Crott non loin de la frontière, à Uberrhern (Prusse rhénane), près de Creutzwald (Holandre).

— germanica L.

    R. Bois montagneux. Environs de Creutzwald et de Sarrelouis (Holandre).

Medicago maculata Wild.

    R. Prairies argilo-calcaires. Thionville (de Marcilly) talus des fortifications, surtout dans les deux jonctions et au quartier du fort.

— Minima Lam.

    Terrains sablonneux et incultes. Bords de la Moselle (Warion), au bas du champ de manœuvre dit le Warte. Hettange-Grande, rochers couverts de terre près de l'église et carrières. Sierck, carrières (Warion).

Melilotus alba Lam.

    Champs secs et sablonneux aux environs de Schengen (Tinant).

Trifolium ochroleucum L.

    R. Prés secs. Moyeuvre (Holandre).

† — hybridum Hol. *Fl. Mos.*, 2ᵉ Édit., p. 177.

    Trouvé passim et subspontané, à la Briquerie, au Helpert, surtout aux environs d'Angevillers et dans tout le reste de la plaine jusqu'à Ottange, où on le cultive depuis quelques années en prairies artificielles.

— aureum Poll.

    R. Bois de l'oolithe et du lias. Bois d'Haute-Yutz, de Distroff, de Stuckange. Hayange (Godron): Forêt de Moyeuvre, principalement dans les bois de Clouange et de Vitry.

Vicia pisiformis L.

    R. Bois du calcaire jurassique. Moyeuvre. Rosselange, Hayange (Godron), et en général toute la forêt de Moyeuvre. Guénetrange (Warion).

Vicia lathyroides L.

> R. Lieux sablonneux. Assez abondant avant 1867 sur les talus et les glacis des fortifications au delà de l'ancienne prison militaire; mais aujourd'hui devenu assez rare par suite des terres que l'on a enlevées pour couvrir la poudrière du fort.

† **Cracca** tenuifolia Godr.

> R. Toute la forêt de Moyeuvre à Hayange (Godron).

— varia Godr.

> R. Moissons. Entre Vitry et Gandrange.

Ervum gracile DC.

> Assez commun dans les moissons du lias, aux environs de Thionville, Illange, Küntzich, Weymerange, Elange, Wolkrange..... Assez rare dans les bois du calcaire oolithique. Forêt de Moyeuvre. Bois de la côte Saint-Michel.

† **Lathyrus** niger Wimm.

> R. Bois du calcaire jurassique. Moyeuvre (Soleirol). Sierck (Holandre).

Ornithopus perpusillus L.

> R. Lieux sablonneux. Vallée de la Bisten (Holandre) et ailleurs aux environs de Creutzwald.

Prunus insititia L.

> AR. Thionville (Warion). Vignes d'Hayange (Godron).

Potentilla argentea L.

> AR. Lieux secs. Glacis des fortifications au delà du fort, à droite et à gauche. Hettange-Grande, rochers couverts de terre près de l'église et carrières. Sierck, carrières.

— supina L.

> R. Lieux sablonneux et humides. Fossés des fortifications entre la Double-Couronne et la jonction droite. Sierck (Friren). Bords de la Moselle aux environs de Schengen et de Rémich (Tinant).

Comarum palustre L.

> AR. Marais tourbeux. Bois et champs entre Haute-Yutz, Küntzich et Stuckange. Forêt de Cattenom. Bois de Boust. Forêts de Zoufftgen. Vallée de la Bisten.

Fragaria collina Erh.

> AR. Bois et pâturages secs sur le calcaire. Bord du Hunderttagbech, en face du Helpert, et du bois d'Illange, au-dessus du village. Forêt de Moyeuvre. Sierck, sur le Stromberg (Warion), l'Altenberg et dans les carrières abandonnées au delà de la faïencerie.

— magna Thuil.

> AR. Haies et bois sur l'oolithe et le lias. Quelques pieds se trouvent dans les fortifications du côté de Guénetrange et dans les haies à Saint-Pierre. N'est pas rare aux bois d'Illange, de Florange, de Richemont et de la côte Saint-Michel.

Rubus saxatilis L.

> R. Bois du calcaire jurassique. Hayange (Godron).

— rudis Weih.

> AR. Bois de l'oolithe et du lias. Florange, Hayange (Godron). Richemont.

— vulgaris Weih. Var. α genuinus Godr.

> R. Bois du lias. Florange (Godron).

Rosa pomifera Herm.

> Collines arides. Environs de Sarrelouis (Holandre).

Sanguisorba officinalis L.

> Prés des bords de la Moselle, entre Schengen et Sierck (Tinant).

Alchemilla vulgaris L.

> AR. Bois humides, sur le calcaire. Toute la forêt de Moyeuvre à Hayange, ainsi que les vallons qui la sillonnent, tels que ceux de Ranguevaux et de Bousseval. Bois entre Angevillers et Fontoy. Bois de Manderen (Warion). Vallée d'Ottange.

Mespilus germanica L.
>Passim, forêt de Moyeuvre, principalement au-dessus de Morlange et de Ranguevaux. Ordinairement stérile : trouvé une seule fois avec fruits.

Sorbus domestica L.
>Bois montueux, rochers aux environs de Schengen (Tinant).

Epilobium palustre L.
>AR. Endroits marécageux des prés et des bois. Assez répandu dans les mares des champs et des bois, aux environs de Haute-Yutz, Küntzich et Stuckange, surtout à droite de la route de Metzerwisse. Ottange, queue de l'étang de la forge haute.

Œnothera biennis L.
>R. Lieux sablonneux. Creutzwald, vallée de la Bisten (L'abbé Mohr).

Circæa lutetiana L.
>AR. Haies ombragées et bois humides, sur le calcaire. Bois de Guénetrange et d'Illange (Godron). Bords d'une mare au Hunderttagbech. Parties humides des bois de Thionville, de Florange, de Richemont, de Kédange. Forêts de Zoufftgen. Creutzwald (Monard et Taillefert). Sierck, chemin creux au-dessus de la ville ; ravins entre Rustroff et la route d'Apach.

Lythrum hyssopifolium L.
>R. Champs humides. Haute-Yutz, Küntzich et Ham.

Peplis portula L.
>AR. Lieux humides. Haute-Yutz, Küntzich, Ham. Bois de Richemont. Vallée de la Bisten.

Corrigiola littoralis L.
>AR. Lieux humides et sablonneux. On en trouve quelques pieds dans les fossés des fortifications entre les deux jonctions, et le long du chemin de halage en remontant vers le barrage. Abonde en face d'Illange dans les îles de la Moselle, formées par les digues. Entre Carling et Creutzwald (Monard). Vallée de la Bisten.

Illecebrum verticillatum L.

    R. Lieux humides et sablonneux. Creutzwald (Box), tout le long de la vallée de la Bisten.

Scleranthus perennis L.

    R. Collines de grès bigarré et de grès vosgien. Creutzwald. Sur le quartz, aux carrières de Sierck (Godron, *Géographie bot.*, p. 109).

Sedum villosum L.

    R. Lieux tourbeux, sur le grès. Vallée de la Bisten (Holandre).

Sedum boloniense Lois.

    AR. Calcaire et alluvion. Abondant sur tous les talus des fortifications (Warion). Sierck, entre Rettel et le bois de buis, le long de la Moselle (Friren). Graviers des bords de la Moselle, entre Schengen et Sierck (Tinant).

— elegans Lej.

    R. Sur le grès infraliasique à Hettange-Grande, carrières. Sur le calcaire, à Thionville, Illange. Entrange (Varion). Sur le quartz, à Sierck, carrières (Godron).

Sempervivum tectorum L.

    AR. Vieux murs et toits à Ebange, Entrange, Eutrange, Zoufftgen. Rochers à Homécourt, arrondissement de Briey.

Saxifraga granulata L.

    AR. Prairies. J'en ai remarqué quelques pieds dans les fortifications, du côté de Guénetrange. Fond de Clouange, surtout à droite du ruisseau. Bois de Guénetrange, dans la direction d'Hettange (Box). Côte Saint-Michel, versant Nord, lisière du bois. Entre Sierck et Rettel (Friren).

Chrysosplenium alternifolium L.

    R. Lieux humides. Ravins du bois de Kédange. Bois d'Ottange, Creutzwald, vallée de la Bisten et forêt de la Houve.

Chrysosplenium oppositifolium L.

AR. Lieux humides. Bois de Florange et de Richemont. Ravins du bois de Kédange. Sierck (Warion). Creutzwald, vallée de la Bisten et forêt de la Houve.

Orlaya grandiflora Hoffm.

Passim, champs calcaires. Hayange (Soyer-Willemet). Plaine d'Amnéville. Plaine entre Angevillers et Ottange.

Turgenia latifolia Hoffm.

N'est pas rare aux environs de Thionville (Warion) dans les moissons du lias. Gassion, Illange, Guénetrange, Entrange, Weymerange, Wolkrange, Beuvange sous Saint-Michel..... Vallée de la Canner. Sierck. Sur l'oolithe, entre Angevillers et Ottange.

Laserpitium latifolium L.

RR. Bois du calcaire jurassique. Hayange (Holandre).

Selinum carvifolia Vill.

R. Bois humides. Se rencontre assez fréquemment dans tous les bois entre Haute-Yutz, Küntzich et Stuckange, surtout dans les parties appelées Fischterbech, Clauenbech, Spedel, Rodenbech, Bambech..... Plus rare dans la Grande Kalenoven, près de Kirschnaumen.

Peucedanum carvifolium Vill.

AR. Fossés des fortifications surtout du côté de Manom et d'Illange, et prairies environnantes. Gandrange, Vitry, Clouange et en général toute la vallée de l'Orne.

Seseli coloratum Erh.

AR. Coteaux secs du calcaire jurassique. Hayange (Godron). Justemont, Vitry, Clouange, Moyeuvre.

— 22 —

Œnanthe peucedanifolia Poll.

>R. Prés humides du lias. Lagrange (Warion), à droite de la route de Luxembourg. Hettange-Grande (Warion). En plus grande quantité dans les prés de la ferme du Helpert, au delà de Haute-Yutz. Prairies de la plaine d'Amnéville, près du petit bois de Villers-lès-Rombas, appelé le Rond-Bois.

Sium latifolium L.

>RR. Assez abondant dans les fossés des fortifications, entre les deux jonctions.

Falcaria Rivini Host.

>R. Moissons, sur le calcaire. Moyeuvre, Hagondange (Godron).

Cicuta virosa L.

>RR. J'en ai remarqué quelques pieds dans une mare, au bois de Boust, en face du village.

Anthriscus vulgaris Pers.

>AR. Lieux incultes. N'est pas rare dans l'enceinte des fortifications, surtout en face de la manutention et au quartier du fort. Hettange-Grande (Taillefert), rochers près de l'église.

† **Lonicera** caprifolium L.

>RR. Bois du calcaire jurassique. Forêt de Moyeuvre (Godron).

Galium erectum Huds.

>AR. Prés. Thionville (Warion).

Asperula arvensis L.

>R. Moissons du calcaire jurassique. Côte de Justemont (Godron).

† **Centranthus** ruber DC.

>Paraît naturalisé à Justemont, où on l'observe depuis bien des années au pied et entre les pierres des murs de l'ancien jardin de l'abbaye, côté ouest.

† **Valeriana** Phu L.

>RR. Bois de Manderen, près de Sierck (Warion).

Valeriana dioica L.

> AR. Prés humides sur le calcaire et son alluvion. Bois de Richemont, vallée de Ranguevaux, fond de Bousseval, Beuvange-sous-Justemont au lieu dit le Grand-Pré. Sierck, vis-à-vis de Basse-Kontz (Friren).

Valerianella Morisonnii DC. var. mixta Soy. Will.

> R. Moissons du lias. Environs de Haute-Yutz et de Küntzich.

Dipsacus pilosus L.

> AR. Lieux humides, sur le calcaire. Hayange, Moyeuvre (Ducolombier), en amont du bourg. Sierck (Warion), vallée du Montenach.

Petasistes officinalis Mœnch.

> AR. Lieux humides. Thionville, rive droite de la Moselle, au pied du mur qui la sépare du petit bois ; bord du canal, entre le fort et Basse-Yutz. Abonde dans les vallées de l'Orne, de la Bibiche et de la Canner. Rare dans celle d'Ottange.

Stenactis annua Nees.

> Graviers des bords de la Moselle, aux environs de Rémich (Holandre, Tinant).

Aster novi-Belgii L.

> R. Saussaies de la Moselle, à Thionville (Warion) ; fossés des fortifications du côté de Guénetrange. Basse-Yutz, Illange, Uckange.

† **Doronicum** plantagineum L.

> RR. Côte Saint-Michel, versant nord (Box), non loin des ruines de l'ermitage, mais en très-petite quantité.

Senecio visconsus L.

> AR. Hayange (Godron) et le long du chemin de fer de M. de Wendel, depuis les forges jusqu'au barrage de la Moselle. Il abonde encore dans toute la vallée de l'Orne, de Moyeuvre à Mondelange, lieux de dépôt autour des forges et le long du chemin de fer. Ottange. Creutzwald et Sierck (Warion).

Senecio sylvaticus L.

> AR. Bois, surtout places à charbon et bords des chemins. Rosselange (Ducolombier) et toute la forêt de Moyeuvre. Forêts de Zoufftgen. Sierck (Godron).

— aquaticus Huds.

> Plus commun que les autres dans les fossés des fortifications, surtout celles de la porte de Metz et dans toutes les prairies humides des environs. Lagrange, Illange, Helpert, Ebange, Uckange, Vitry. Vallées de la Bibiche et de la Canner.

Chrysanthemum segetum L.

> RR. Moissons. Scheuerwald, près Sierck (Godron).

Cota tincteria Gay.

> Assez commun. Lieux arides, sur le calcaire. Lieu de dépôt au barrage ; le long du chemin de fer entre la route impériale et Daspich. Rosselange (Holandre). Hettange-Grande, Vitry, Sierck (Warion). Justemont, Ranguevaux, Beuvange sous Saint-Michel, ferme de Charennes, Angevillers et toute la plaine oolithique qui s'étend depuis ce village jusqu'au-dessus d'Ottange. Mont-Saint-Jean, Dudelange (Tinant).

Inula britannica L.

> AR. Lieux humides. Thionville, bords de la Moselle (Warion) ; fossés des fortifications, entre les deux jonctions, où il accompagne le **Sium latifolium** L. Bords de la Moselle à Illange, Cattenom, Kœnigsmacker. Basse-Kontz, Sierck (Warion).

Helichrysum arsenarium DC.

> AR. Lieux sablonneux. Hettange-Grande. Boust, Roussy (Warion). Parth (Jennesson). Rodemack et vallée de la Bisten (Holandre). Creutzwald, bords de la route de Saint-Avold, en-deçà de Carling, et lisière du Kohlenwald.

Gnaphalium luteo-album L.

> R. Sierck (Cordonnier).

Filago spathulata Presl.

    R. Champs calcaires. Escarpement d'Illange. Hayange, Moyeuvre (Godron). Beuvange, Vitry, Clouange. Plaine entre Angevillers et Ottange.

— arvensis L.

    R. Champs de l'alluvion. Plaine entre Thionville et Uckange.

Cirsium eriophorum Scop.

    R. Lieux incultes. Thionville (Warion), remparts de la Double-Couronne et au delà du fort.

Centaurea nigrescens Wild.

    Assez commun sur tous les terrains. Prés secs, bords des chemins, lisière des bois.

— microptilon Godr.

    Presqu'aussi commun et mêmes lieux que le précédent.

— solstitialis L.

    Passim, luzernières. Plaine d'Amnéville.

Arnoseris minima Gœrtn.

    R. Champs sablonneux, sur le grès. Creutzwald (Monard et Taillefert).

Hypochæris glabra L.

    R. Moissons de l'alluvion. Hayange (Godron). Entre le bois de Macquenom et celui de Ham, à droite de la route de Sierck.

Chrysocoma linosyris L.

    Collines argileuses des côtes de la Moselle aux environs de Perl (Tinant).

Chondrilla juncea L.

    R. Champs de l'alluvion. Entre Thionville et Uckange. Uckange, Boust (Warion). Plaine d'Amnéville, vers Moulin-Neuf.

— 26 —

Lactuca saligna L.

R. Lieux secs et incultes. Thionville, glacis des fortifications (Warion); chemin de halage; Beauregard, entre le chemin de fer et le jardin de M. Tissot. Bords de la route entre Puttelange et Mondorff, carrières de Sierck (Warion).

— perennis L.

R. Champs calcaires. Hayange (Godron). Plaine d'Amnéville. Entre Clouange et l'Orne. Collines arides aux environs de Dudelange (Tinant).

† **Crepis paludosa** Mœnch [1].

RR. Prairies marécageuses. Vallée de la Bisten (Holandre).

Xanthium strumarium L.

R. Pont de la Kissel, en deçà de Garsch (Box). Rodemack (Monard). Sierck (Cordonnier).

Specularia hybrida DC.

R. Moissons. Bouzonville (Holandre).

Vaccinium Myrtillus L.

R. Bois du grès bigarré et du grès vosgien. Entre Creutzwald et Carling. Il croît aussi en petite quantité dans les bois de Kœnigsmacker, au delà de Valmestroff (Keuper ?).

Oxycoccus palustris Pers.

R. Tourbières, sur le grès. Vallée de la Bisten, surtout en aval de Creutzwald.

---

[1] Je mets cette plante au nombre de celles qui sont propres à notre arrondissement sur l'autorité de M. Schultz. Dans une lettre qu'il m'a écrite en 1862, ainsi que dans un ouvrage publié depuis et intitulé *Grundzüge zur Phytostatik der Pfalz*, ce savant botaniste dit formellement que le Crepis paludosa, le Scutellaria minor et quelques autres plantes ont été indiquées par erreur comme se trouvant dans le département, à Bitche. Elles croissent, il est vrai, non loin de cette ville, mais au delà des frontières, sur le territoire bavarois.

Utricularia vulgaris L.
> R. Eaux stagnantes. Au barrage, en deçà de la Maison-Neuve. Se voit aussi dans les fossés qui saignent une mare, entre le Gehrenbech et la pointe sud du Hunderttagbech. En plus grande quantité dans les rigoles de la vallée de la Bisten.

Gentiana pneumonanthe L.
> Indiqué par Tinant sur les collines arides, à Schengen.

— cruciata L.
> R. Pâturages calcaires. Hayange et Moyeuvre (Godron). Ranguevaux (Cavillon). Fond de Rosselange, surtout près des anciennes carrières, au bord du bois.

— ciliata L.
> AR. Bois et pâturages calcaires. Épars dans les fossés des fortifications, au delà du fort. Abonde sur tous les coteaux de Moyeuvre à Kanfen. Sierck (Warion).

— germanica Wild.
> AR. Coteaux du calcaire jurassique. Ranguevaux. Fonds de Clouange et de Rosselange.

Erythræa pulchella Fries.
> Assez commun dans les lieux humides, sur tous les terrains.

Villarsia nymphoides Vent.
> R. Eaux stagnantes. Thionville (Creton), fossés des fortifications, dans tout le canal, depuis le pont du fort jusque vers Basse-Yutz; eaux du barrage, en deçà de la Maison-Neuve. Dans l'Orne, canal de Moulin-Neuf, et plus haut entre Vitry et Rombas.

Menyanthes trifoliata L.
> AR. Marais tourbeux. Bois et champs entre Haute-Yutz, Küntzich et Stuckange. Vallée de Ranguevaux. Forêt de Cattenom, bois de Boust, forêts de Zoufftgen, vallée de la Bisten. Autrefois, abondant dans les prés marécageux de la vallée d'Ottange, surtout en amont du village, mais aujourd'hui presqu'entièrement extirpé. Il n'en existe plus que quelques pieds au delà de la forge basse, près du chemin de fer.

Cuscuta Trifolii Bab.

> R. Champs de **Trifolium pratense** L. Uckange (Warion). Vitry, plaines d'Amnéville et de Vallange.

— densiflora Soy.-Will.

> R. Champs de lin. Hayange et Moyeuvre (Godron).

Lithospermum purpuro-cœruleum L.

> R. Bois du calcaire. Hayange (Godron) et toute la forêt de Moyeuvre. Sierck. Schengen (Tinant).

Pulmonaria tuberosa Schrk. var. latifolia Godr.

> R. Bois du lias. Bertrange et Bousse (Warion). Richemont.

Myosotis lingulata Lehm.

> RR. Lieux humides. Thionville (Warion).

— hispida Schl.

> R. Lieux arides. Sierck (Friren).

— versicolor Pers.

> R. Champs sablonneux. Thionville (Creton).

Heliotropium europæum L.

> R. Lieux sablonneux. Hettange-Grande (Cordonnier). Mondelange (Box). Assez commun dans toute la vallée de l'Orne, de Richemont à Moyeuvre, ainsi que sur certains coteaux voisins, tels que ceux de Vitry et de Clouange. Plaine d'Amnéville, surtout le long du chemin de fer de M. de Wendel.

Solanum nigrum L. var. flavo-viride Mutel.

> AR. en général dans l'arrondissement, mais aussi commun que la var. ordinaire dans les environs de Thionville, fortifications, bords des chemins, lieux cultivés, à Beauregard, à Lagrange, au barrage. Boust, Clouange, Vitry. Launstroff, près de Sierck (Warion).

Physalis Alkekengi L.

> R. Environs de Thionville (Holandre).

Atropa Belladona L.
>AR. Bois, sur le calcaire. Côte Saint-Michel. Forêts de Moyeuvre et de Zoufftgen. Sierck (Warion). Creutzwald (Monard).

Verbascum floccosum Waldst.
>R. Lieux secs et sablonneux. Thionville (Creton). Garsche, Kœking et Sierck.

— lychnitis L.
>AR. Lieux arides. Au barrage. Garsche, Kœking, Hettange-Grande, Sœtrich. Clouange (Holandre), Moyeuvre.

— Blattaria L.
>R. Thionville (Box).

Scrophularia betonicifolia L.
>Bois humides aux environs de Schengen (Tinant).

Gratiola officinalis L.
>R. Lieux aquatiques. Sierck (Warion).

Linaria Cymbalaria Mill.
>R. Vieux murs un peu humides. Guénetrange, cour du presbytère où il s'est propagé de lui-même.

— arvensis DC.
>Découvert par M. Léo entre Sarrelouis et Dilling (Prusse rhénane).

Veronica montana L.
>R. Bois humides du lias et de l'oolithe. Illange, ravin qui domine l'escarpement. Commun dans toutes les parties humides du bois de Florange. Moins abondant entre Angevillers et Fontoy.

Euphrasia lutea L.
>AR. Coteaux du calcaire jurassique. Hayange et Moyeuvre (Godron).

Pedicularis palustris L.
>R. Prairies humides, sur le grès. Vallée de la Bisten (Holandre).

Pedicularis sylvatica L.

    R. Mêmes lieux que le précédent.

Melampyrum cristatum L.

    RR. Bois du calcaire jurassique. Hayange (Holandre).

Orobanche Picridis Schultz.

    R. Coteaux du calcaire jurassique. Entre Clouange et Moyeuvre (Holandre).

— Teucrii Schultz.

    R. Coteaux du calcaire jurassique. Hayange, (Godron). Clouange (Taillefert).

Phelipæa cœrulea Mey.

    R. Coteaux du calcaire jurassique. Guénetrange (Creton).

Lathræa squamaria L.

    RR. Bois ombragés du calcaire jurassique. Moyeuvre (Holandre).

† **Mentha** arvensi-rotundifolia Schultz, in *Grundzüge*, p. 104 et supplém. p. 34 [1].

    RR. J'en ai découvert une dizaine de pieds à mi-côte au-dessus de Clouange (lias).

† **Thymus** serpillum L. var. Linneanus Godr.

    RR. Carrières de Sierck (Warion).

Hyssopus officinalis L.

    RR. Ruines du château de Rodemack (Warion).

Leonurus Cardiaca L.

    R. Thionville (Jennesson).

---

[1] C'est M. Schultz lui-même qui a bien voulu me déterminer cette hybride. Il m'en a demandé plusieurs pieds pour les transplanter dans son jardin.

Galeopsis dubia Leers.

> R. Moissons. En petite quantité sur la lisière septentrionale de la forêt haute de Zouffigen, près de la borne-frontière dite des Quatre-Seigneurs. Plus abondant sur le grès, aux environs de Creutzwald.

Stachys alpina L.

> AR. Bois du calcaire jurassique et du muschelkalk. Répandu dans toute la forêt de Moyeuvre ainsi que dans celle de Briey. Bois de Kirsch, de Montenach (Friren) et de Manderen (Warion).

Scutellaria galericulata L.

> Lieux humides. Thionville (Creton), fossés des fortifications, où il abonde de même qu'aux bords de tous les cours d'eau et dans tous les bois humides de l'arrondissement.

† — minor L. [1]

> RR. Lieux tourbeux, sur le grès. Vallée de la Bisten, en amont de Creutzwald.

Brunella alba Pall.

> AR. Collines sèches, calcaires. Chemin herbeux et tortueux qui descend de la côte Saint-Michel et se dirige vers Weymerange. Ranguevaux, Rosselange. Hayange et Moyeuvre (Godron). Sierck (Friren).

Teucrium scordium L.

> R. Prairies humides. Fossés des fortifications (Box), surtout du côté de Manom et entre les deux jonctions. En petite quantité dans un endroit marécageux près de Moulin-Neuf.

Globularia vulgaris L.

> R. Coteaux calcaires. Hayange, Moyeuvre (Godron). Sierck.

---

[1] Voyez la remarque faite plus haut pour le Crepis paludosa.

Polycnemum arvense L.

> R. Champs calcaires. Hayange (Godron). Côtes de Justemont, de Vitry, de Clouange.

Blitum rubrum Rchb. var. genuinum Nob.

> AR. Lieux humides. Thionville, fossés des fortifications, principalement entre les deux jonctions. Sierck (Friren).

Rumex maritimus L.

> AR. Lieux humides. Thionville, fossés des fortifications, surtout entre les deux jonctions. Illange, bords et îles de la Moselle. Sierck, vallée du Montenach (Friren).

Polygonum Bistorta L.

> R. Prairies humides. Creutzwald (Box).

Stellera passerina L.

> R. Champs. Kédange (Humbert). Sierck (Warion).

Aristolochia clematitis L.

> R. Champs calcaires. Thionville (Holandre).

Euphorbia stricta L.

> Assez répandu le long des haies, aux bords des chemins et dans les bois, sur le calcaire. Thionville, Gassion, Küntzich, Helpert, Illange, Bertrange, Richemont, Budange, Vitry. Forêts de Moyeuvre et de Briey. Sierck, Rustroff, Apach. Vallées de la Bibiche et de la Canner.

— palustris L.

> R. J'en ai observé plusieurs pieds dans la grande saussaie marécageuse placée entre les fortifications et l'escarpement de la rive droite de la Moselle.

† **Euphorbia** Gerardiana Jacq.

RR. Découverte par M. Holandre sur un coteau pierreux, entre Rosselange et Moyeuvre, cette plante a été trouvée depuis non-seulement sur le coteau voisin dit de la Roche (Warion), mais encore sur toutes les collines calcaires qui bordent la vallée de l'Orne, depuis et y compris la côte de la Bourdeloise, près de Jœuf, jusqu'à celle de Justemont inclusivement. Elle descend parfois dans la vallée, par exemple, au fond de Bousseval, et même sur les bords sablonneux de la rivière, comme près de Moulin-Neuf, où elle se trouve mêlée à presque toutes ses congénères. Tinant donne cette espèce comme fréquente aux bords de la Moselle dans le Luxembourg.

— Esula L.

Prés sablonneux et bords des rivières. Assez abondant dans les fortifications de Thionville, les prairies environnantes, et en général dans toute la vallée de la Moselle, depuis Apach jusqu'à Richemont et de là dans celle de l'Orne jusqu'à Moyeuvre.

† **Buxus** sempervirens L.

RR. Bois montagneux. Sierck (Holandre), rive droite de la Moselle, en amont de Rettel, où il forme un petit bois.

Hippuris vulgaris L.

R. Rivières limoneuses. Je l'ai remarqué, en septembre 1864, dans l'Orne près du pont de Homécourt, à quelques kilomètres au delà de Moyeuvre, ce qui me fait espérer de la retrouver plus bas dans la circonscription de notre flore.

Parietaria diffusa Mert.

R. Vieux murs. Rodemack (Cordonnier). Vitry, murailles méridionales du presbytère.

Ulmus effusa Wild.

R. Planté en très-petite quantité sur les remparts de Thionville, par exemple entre l'église paroissiale et la porte du pont.

Taxus baccata L.

> RR. Bois montagneux. Moyeuvre (Holandre).

Triglochin palustre L.

> RR. Lieux marécageux. Sierck, ancienne route de Montenach (Friren).

— maritimum L.

> RR. Terrains salifères. Basse-Kontz, près Sierck (Warion).

Muscari comosum DC.

> Bords de la Moselle, aux environs de Schengen (Tinant).

Allium ursinum L.

> AR. Haies et bois couverts. Côte Saint-Michel. Beuvange-sous-Justemont.

— oleraceum L. var. latifolium Koch.

> AR. Thionville, chemin de halage, talus des remparts et presque tous les prés secs environnants. Beuvange-sous-Saint-Michel.

— rotundum L.

> Collines arides des environs de Schengen (Tinant).

Maianthemum bifolium DC.

> RR. Bois du lias. Thionville (Box), Bois d'Illange, à droite de la route de Thionville à ce village.

Juncus squarrosus L.

> R. Prairies tourbeuses. Vallée de la Bisten (Holandre).

— tenageia Erh.

> R. Lieux inondés pendant l'hiver. On en rencontre assez souvent autour des mares dans les champs entre Haute-Yutz et Küntzich, ainsi que dans la vallée de la Bibiche.

Juncus supinus Mœnch.

    R. Marais tourbeux. Vallée de la Bisten (Holandre).

— obtusiflorus Erh.

    R. Lieux tourbeux. Forêt de Merten, près de Creutzwald (Holandre).

Luxula maxima DC.

    R. Bois humides, sur le calcaire. A l'état sporadique dans les bois de Distroff (canton Spedel), au Rodenbech, au Bambech. Abonde dans les bois de Coulange, près de Vitry. Moyeuvre (Holandre) et toute la forêt de ce nom jusqu'à Hayange. Bois de Kédange (sur le Keuper).

Tamus communis L.

    AR. Bois du calcaire jurassique. Côte Saint-Michel. Guénetrange, Hayange (Creton). Toute la forêt de Moyeuvre. Dudelange (Marchand). Schengen et Perl (Tinant).

Orchis fusca Jacq.

    R. Bois du calcaire jurassique et du muschelkalk. Côte Saint-Michel (Box). Bois entre Clouange et la Fontaine de la Roche appelée aussi Belle-Fontaine. Sierck, bois dit de Rettel (Friren).

— cinerea Schk.

    R. Coteaux du calcaire jurassique et du muschelkalk. Hayange (Godron). Bois entre Clouange et la Belle-Fontaine. Sierck, bois dit de Rettel (Friren).

— Morio L.

    R. Prés humides. Illange (Box). Elange, prairie qui s'étend le long du bois de Thionville.

— latifolia L. var. genuina Nob.

    AR. Prairies humides. Thionville (Jenneson), Illange, Elange, Helpert, Uckange, Vitry, Clouange.

Orchis incarnata L.

> RR. Prés humides et tourbeux. J'en ai trouvé plusieurs pieds en 1866 dans la partie marécageuse de la vallée de Ranguevaux. Vallée de Bousseval (Humbert).

— conopsea L.

> AR. Pâturages secs, sur le calcaire. Thionville (Jenneson). Vallée de Ranguevaux. Hayange, Moyeuvre (Godron). Sierck, bois de Rettel, d'Apach et de Montenach (Friren).

— pyramidalis L.

> AR. Coteaux secs, calcaires. Sierck, bois de Rettel (Friren). Schengen (Tinant).

Aceras anthropophora R. Br.

> Coteaux calcaires. Environs de Sierck.

Ophrys myodes Jacq.

> R. Coteaux du calcaire jurassique et du muschelkalk. Sierck, bois de Rettel et d'Apach (Friren). Dudelange (Tinant).

— aranifera Huds.

> R. Coteaux du calcaire jurassique. Fontaine de Clouange (Taillefert).

— arachnites Rich.

> AR. Coteaux du calcaire jurassique et du muschelkalk. Bois de Rettel et d'Apach (Friren). Schengen, Remerschen (Tinant).

† — apifera Huds.

> RR. Coteaux du muschelkalk. Sierck, bois de Rettel, d'Apach et de Montenach (Friren).

Neottria Nidus-avis Rich.

> R. Bois couverts du calcaire jurassique et du muschelkalk. Sierck, bois de Rettel, d'Apach et de Montenach (Friren).

Epipactis palustris Crantz.

> R. Lieux marécageux. Clouange, à la Belle-Fontaine (Holandre), surtout dans le ravin creusé par l'éboulement et au bord supérieur de l'étang. Vallon de Bousseval. Moyeuvre (Massas).

Cephalanthera pallens Rich.
>R. Bois du muschelkalk. Sierck, bois d'Apach, de Kirsch, de Rettel et de Montenach (Friren).

— ensifolia Rich.
>R. Bois du calcaire jurassique. Côte Saint-Michel (Box).

— rubra Rich.
>R. Bois du calcaire jurassique et du muschelkalk. Côte Saint-Michel. Rosselange (Warion) et tout le reste de la forêt de Moyeuvre, spécialement bois de Vitry, de Clouange et de Bousseval. Sierck, bois de Montenach (Friren).

Calla palustris L.
>RR. Marais tourbeux. Creutzwald (Box).

Acorus calamus L.
>RR. Bords des rivières. Vallée de la Bisten (Holandre).

Typha latifolia L.
>AR. Eaux stagnantes. Thionville (Creton), fossés des fortifications et surtout étangs de Beauregard et de Gassion.

— angustifolia L.
>AR. Eaux stagnantes. Mêmes stations.

Sparganium simplex Huds.
>AR. Eaux stagnantes. Thionville, fossés des fortifications, surtout celles de la porte de Luxembourg; grand étang de Gassion; eaux du barrage. Vitry (Warion).

— minimum Fries.
>RR. Mares tourbeuses, sur la tourbe nue. Se rencontre assez fréquemment dans les mares des champs et des bois entre Haute-Yutz, Küntzich et Stuckange. Se voit aussi au Bambech, à droite de la route de Metzerwisse, et à l'extrémité de la forêt de Cattenom, non loin du bois de Boust.

Eriphorum latifolium Hoppe.

> AR. Prés tourbeux. Abonde dans les vallées de Ranguevaux, de Bousseval et de la Bisten.

— angustifolium Roth.

> R. Marais tourbeux. Bois de Küntzich. Vallées de Bousseval et de la Bisten.

— gracile Koch.

> R. Marais tourbeux. On en trouve dans deux petites mares découvertes et très-profondes, au milieu des **sphagnum**, l'une au bois de Distroff (Spedel), à gauche de la route de Metzerwisse, l'autre au Rodenbech, à droite de la même route. Forêt haute de Zoufftgen. Vallée de la Bisten (Holandre).

— vaginatum L.

> RR. Marais tourbeux. Cette belle plante, propre aux terrains siliceux ou granitiques des Vosges, se retrouve en abondance dans plusieurs mares du bois de Küntzich (sur le lias). J'en ai observé également quelques touffes en 1864, au bois de Borny, près de Metz, dans une Mare peu éloignée de la lisière orientale.

Scirpus compressus Pers.

> R. Prairies humides. Epars dans les vallées de Ranguevaux et de Bousseval.

Eleocharis uniglumis Koch.

> RR. Marais. Entre Bisten et Sarrelouis (Holandre).

Rhynchospora alba Vahl.

> Marais. Merten (Holandre).

Carex paniculata L.

> AR. Endroits marécageux des prés et des bois. Thionville, quelques pieds dans les fossés des fortifications, surtout au delà du fort. Croît abondamment au bois de Florange, à droite de la ferme ruinée, dans celui de Richemont et principalement dans les vallées de Ranguevaux et de Bousseval, où il couvre des espaces considérables. Ottange, queue de l'étang de la forge haute.

Carex elongata L.

    Assez commun aux environs de Thionville dans les mares tourbeuses. Bois et champs aux environs de Haute-Yutz, de Ham, de Küntzich, de Stuckange et de Valmestroff. Bois du Redebech, entre Angevillers et Fontoy. Bois de Thionville et de Boust, forêts de Cattenom, de Zouffigen et Grande-Kalenoven. Ottange, queue de l'étang de la forge haute, où il n'est pas rare.

— stellulata L.

    R. et peu abondant. Endroits marécageux. Bois de Richemont et de Küntzich. Mare située entre la route de Metzerwisse et le Rodenbech. Forêt de Cattenom.

— leporina L. var. argyroglochin Horn.

    R. et en petite quantité. Endroits marécageux. Bois de Haute-Yutz. Bois de Florange, le long du grand fossé qui part du centre du bois et se dirige vers Bettange.

— canescens L.

    R. Tourbières. Vallée de la Bisten, vers Merten (Holandre).

— remota L.

    Assez commun dans les parties humides et ombragées des bois, sur le calcaire ou son alluvion. Bois de Thionville, de Haute-Yutz, d'Illange, du Helpert, de Richemont, de Kédange et surtout celui de Florange. Forêt de Cattenom, vers l'endroit appelé Waldwiese, le Redebech et Grande-Kalenoven. Sierck, bois entre Kitzing et Manderen (Friren). On en trouve encore quelques pieds près d'une source, au fond de Clouange.

† — prœcox Jacq. var. sicyocarpa Lebel.

    R. Côte Saint-Michel, Escherange (Warion).

— pilulifera L.

    R. et en petite quantité. Bois du lias et du muschelkalk, Bois de Haute-Yutz et de Florange. Sierck, bois d'Apach (Friren).

Carex montana L.

R. Bois de l'oolithe, à Hayange (Godron) et dans toute la forêt de Moyeuvre. Bois du lias, à Ham, le long du chemin direct qui conduit de Basse-Yutz à Valmestroff.

— humilis Leyss.

RR. Coteaux du calcaire jurassique. Hayange (Godron).

— ornithopoda Wild.

R. Coteaux du calcaire jurassique. Côte Saint-Michel (Box), autour de l'ermitage.

— flava L.

R. Lieux marécageux des prés et des bois, sur le calcaire. Fontaine de Clouange (Holandre), dans le ravin formé par l'éboulement. Bois de Richemont. Très-abondant dans les vallées de Ranguevaux et de Bousseval. Sierck, petit ruisseau près de la carrière de plâtre (Friren).

— distans L.

AR. Prés humides. Fossés des fortifications, par exemple, sous le dernier pont-levis, au delà du fort, où il se trouve en société avec le **C. paniculata** et le **Geranium pratense**. Plus abondant dans les prairies du Helpert, les vallées de Ranguevaux, de Bousseval, et au fond de Clouange, notamment aux bords du ruisseau.

— pseudo-cyperus L.

Mares tourbeuses des bois. Au Redebech, entre Angevillers et Fontoy. Forêt haute de Zoufftgen, mare profonde du versant de la côte, à droite et à peu de distance du chemin de Bettembourg. Grande-Kalenoven, à deux cents mètres environ au nord de la maison forestière dite Forgeville.

Leersia oryzoides Solandr.

AR. Lieux humides, bords des rivières. Thionville, rive gauche de la Moselle, entre les fortifications et Manom, ainsi qu'au barrage; rive droite, le long du canal qui va du fort à Basse-Yutz; fossés de Gassion.

Alopecurus fulvus Sm.
>R. Fossés et marais. Thionville (Warion). Mare herbeuse du bois de Küntzich, partie appelée Gehrenbech.

— utriculatus Pers.
>AR. Prairies humides du lias et de l'alluvion. Thionville, fossés des fortifications, par exemple ceux qui longent la Fensch et le chemin de Marie-Louise. Se trouve aussi au delà de la Maison-Neuve, à droite de la route de Metz. Plus abondant aux environs de Vitry, de Clouange, de Villers-lès-Rombas, de Pierrevillers....

Sesleria cœrulea Ard.
>R. Bois des terrains jurassiques. Moyeuvre (Holandre).

Setaria verticillata Pal.
>R. Lieux cultivés. Çà et là, jardins et bords des chemins, à Beauregard. Hayango (Godron).

— glauca Pal.
>R. Lieux cultivés. Guénetrange, la Briquerie et toute la plaine de Cattenom depuis Garsche jusqu'à Gawisse.

Panicum glabrum Gaud.
>AR. Champs de l'alluvion et du diluvium. Entre Thionville et Uckange, surtout à gauche de la route impériale. Plus abondant sur la rive droite de la Moselle entre le bois d'Illange et Basse-Yutz. Se rencontre aussi au delà d'Hettange-Grande, entre le chemin direct de Sœtrich et la route de Luxembourg. Côte de la Neule, au-dessus de Vitry.

Calamagrostis lanceolata Roth?
>RR. Bois de Küntzich, autour d'une grande mare, partie appelée Fischterbech.

Aira prœcox L.
>R. Champs sablonneux. Vallée de la Bisten (Holandre).

Holcus mollis L.

AR. Bois et champs sablonneux du lias et de l'alluvion. Bois d'Illange, de Florange, de Küntzich et de Richemont. Bois de Ham, de Macquenom et champs qui les séparent. Forêts de Cattenom.

Glyceria loliacea Godr.

R. Bords de la Moselle à Thionville (Warion).

Melica nebrodensis Parl.

RR. Lieux escarpés du calcaire jurassique. Sierck, au Stromberg (Warion). Schengen (Tinant).

Vulpia pseudo-myuros Soy.-Will.

R. Lieux sablonneux. Carrières d'Hettange-Grande. Plaine de Thionville (Holandre). Creutzwald (Monard).

— sciuroides Gmel.

R. Lieux sablonneux. Creutzwald (Monard).

Festuca tenuifolia Sibth.

R. Lieux sablonneux. Creutzwald (Monard et Taillefert).

— sylvatica Vill?

RR. Je l'ai observé cette année dans le bois de Kédange, aux bords d'un petit ravin (Marnes irisées).

Bromus tectorum L.

R. Vieux murs. Fort de Sierck (Friren).

Elymus europœus L.

R. Bois des terrains jurassiques. Hayange (Godron). Moyeuvre (Massas) et en général toute la forêt de ce nom. Se trouve également, mais en très-petite quantité, entre Angevillers et Fontoy.

Lolium italicum Al. Br.

R. Prairies. Entre Rettel et Sierck (Friren).

Nardus stricta L.

R. Lieux sablonneux. Environs de Creutzwald.

Printed by Libri Plureos GmbH in Hamburg, Germany